# JEAN CAMPINIANO-CANTÉMIR

# LA FIN DU "SALAZIE"

## par un Naufragé

ÉDITÉ PAR L'AUTEUR

# La Fin du " Salazie "

## par un Naufragé

# AUX FRÈRES BRATIANO

*les hommes d'État roumains,*
*si bienveillants pour moi,*
*comme leur illustre père.*

*Il a été tiré de cet ouvrage 1,000 exemplaires
hors commerce*

# JEAN CAMPINIANO-CANTEMIR

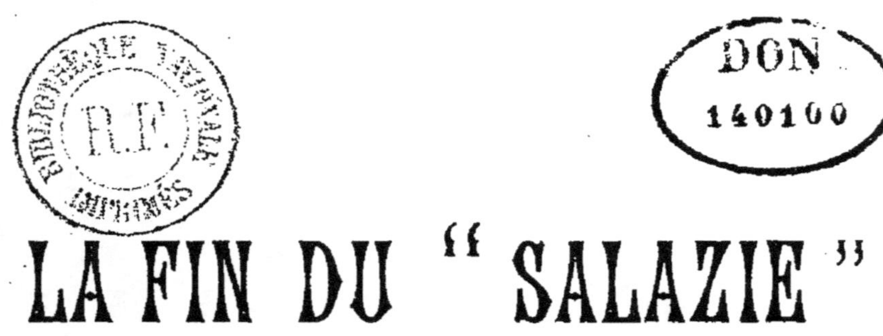

# LA FIN DU " SALAZIE "

## par un Naufragé

ÉDITÉ PAR L'AUTEUR

# La Fin du " Salazie " par un Naufragé

## Avant le Cyclone

Le courrier de France, après plusieurs escales, franchit l'équateur (1), s'arrête à Zanzibar, l'ancien marché d'esclaves ; aux îles Comores, dont la vanille est si parfumée ; puis à Majunga, où j'ai souri d'apprendre que, pour transporter les troupeaux de dindons, un bœuf ouvre la marche en portant sur son dos un sac troué d'où s'échappe le maïs (2).

---

(i) On fêtait autrefois, sur les navires au long cours, le « passage de la ligne » par des jeux auxquels participait l'équipage et dont l'un, sorte de brimade, était réservé aux novices et s'appelait « le baptême de la ligne ».

(2) Pour être plus exact, je crois que ces cortèges viennent à Majunga plutôt qu'ils ne s'y forment.

Notre *Salazie* touche ensuite Nossy-Bé, l'île des belles Sakalava (1), à la démarche fière, qui portent sur leur tête aux cheveux crêpus. et bouffants vers les tempes, depuis les fardeaux lourds jusqu'au plus léger fruit.

Avant le cyclone, cette île avait l'aspect d'un jardin luxuriant, d'une serre en plein air où la chaleur humide épanouissait des plantes exotiques et variées. Ici, pour compenser leur manque de parfum : les fleurs empourprées du vaste flamboyant, innombrables au point d'en recouvrir les feuilles tout en jonchant le sol, l'hibiscus double et rose (2) tirant sur l'écarlate, la liane Bougainville aux mille fleurs lie de vin, les lampes rouges du sanctuaire évoquaient la splendeur du soleil tropical ; alors qu'ailleurs les fleurs moins brillantes d'arbrisseaux plus. modestes : fleurettes blanches des buis odorants, fleurs crême nuancées d'or du frangipanier, fleur étoilée couleur d'ambre de l'ylang-ylang, exhalaient en revanche des senteurs enivrantes et parfois même fatales comme chez la stramoine (Datura stramonium) l'arbuste véné‧neux, dont la fleur perfide reste languissante pendant toute la journée, puis lorsque arrive le soir dilate sa corolle, une grande cloche laiteuse, tandis que le reflet des astres de la nuit

---

(1) Les dialectes malgaches ignorent le pluriel, et l'*a* final étant généralement muet ne fait pas hiatus.

(2) *Hibiscus rosa sinensis*. (Ketmie rose de Chine.)

prête à cette fleur étrange, alors plus embaumée, la lueur diaphane des lanternes vénitiennes.

Enfin, pour compléter cet éden de la flore émerveillant la vue, captivant l'odorat : l'ananas parfumé, la mangue savoureuse, la poire avocat, le letchi réputé, la banane nutritive, la papaye stomachique, la noix fraîche de coco, l'arbre du voyageur, pouvaient calmer la soif ou délecter le goût (1).

Après Nossy-Bé, nommée la grande île (2), parce qu'elle est moins petite que ses autres voisines, voici Diégo-Suarez, l'immense baie stratégique avec Antsirana (3) la ville de garnison balayée par le vent qui règne dans la rade et dessèche bien des plantes, laissant dispersés parmi les baraquements et maisons trop neuves : des rosiers sauvages ou bien timidement parfumés, des lianes aux fleurs violacées, inodores ; puis des arbres peu nombreux garantissant à peine de l'ardeur du soleil : Baobabs aux fleurs blanches, maintenant dénu-

---

(1) Pauvre Nossy-Bé, revue le 1er décembre au retour en France, lorsque ses fruits broyés, ses fleurs flétries, ses branchages et même ses arbres arrachés brûlaient d'un feu lent parmi les jolies cases détruites, renversées, encombrant toujours les chemins de l'île où la fumée qui prenait à la gorge avait remplacé les parfums disparus!

(2) « Nossy » veut dire « île », et « Bé » signifie « grand ».

(3) Antsirana, c'est-à-dire la ville sans eau.

dés, tristes avec leurs troncs gigantesques et trop noueux ; Bonara, Bois noirs (1), dont les cosses multiples augmentent le bruit du vent par leur crépitement ; Filaos funéraires rappelant le long bambou et les pins élancés.

Ici, d'aimables officiers, leurs familles agréables, débarquent et se séparent des autres passagers pendant que tous échangent mille bons souhaits de voyage ou de séjour heureux ; loin de se douter qu'après une tempête imminente, ils se reverraient à Diégo-Suarez, où l'irrésistible météore qui nous faisait échouer sur un banc de récifs à Nossy-Komba, vint ravager ensuite Antsirana, ses environs, et Nossy-Bé la belle perle malgache.

Pendant la journée du 23 novembre, beaucoup de passagers descendirent à terre où j'ai visité le poste de télégraphie optique avec le capitaine Bonnard ; puis le quartier indigène dont les cases me parurent propres, spacieuses avec leurs gentilles vérandas garnies de femmes Antankarana, jolies et souriantes.

Enfin, la chaleur accablante de tout l'après-midi me ramène à bord du *Salazie* avant qu'on ait fini d'embarquer le charbon et j'attends

----

(1) A Madagascar, l'*o* ayant le son de l'*ou* français, et l'*a* final étant muet, il est facile de voir que le mot « Bonara » (prononcez Bounar), représente l'appellation « Bois Noir », ainsi malgachisée. Bonara est le nom malgache du plaqueminier ébène, arbre où l'aubier blanc entoure un cœur de bois très noir.

alors avec impatience le moment de partir, à neuf heures et demie du soir, pour Tamatave, la Réunion, Maurice, ou plutôt vers la catastrophe.

L'appareillage eut lieu par un temps lourd, orageux, car l'atmosphère étouffante n'avait guère été rafraîchie par les pluies estivales (1) ou le vent perpétuel ; seules des gouttelettes de pluie vite dissipées tombèrent au départ, lorsque la mer, après un calme plat, s'agitait légèrement pour devenir houleuse au large de la rade sous le souffle du vent qui augmentait sans cesse.

------

(1) L'été de l'hémisphère austral correspond à l'hiver boréal.

# Le Cyclone

*(Nuit du 23 novembre; jour et nuit
du 24 novembre 1912, dans
l'Océan Indien.)*

Réveillé la nuit, je ne sais à quelle heure, par
le choc des lames, le sifflement du vent, je vis
le commandant Albéric Laréquier, soucieux de
constater les prodromes du cyclone; il me dit
alors que rien ne lui avait été signalé au départ
lorsque nulle circonstance aurait pu faire pré-
voir la proximité de l'ouragan terrible; sans
sans quoi nous fussions restés dans la baie de
Diégo-Suarez, et le commandant m'assura encore
qu'il mettrait à la cape avant d'être fixé sur
l'existence ou la direction du cyclone qu'il voulait éviter, surtout dans la zone dangereuse;
puis ce brave marin monta sur la passerelle
diriger la manœuvre, et là, pendant des heures
terribles, interminables, sans prendre de repos,
sans boire ou manger, sans se faire attacher, il
tâchera de lutter contre la tempête avant de
venir nous rendre l'espoir après un échouement
vraiment miraculeux (1).

---

(1) C'est l'avis universel; du reste, à ce sujet, le
pére Delemme, à bord de la *M'panjaka*, l'un des
vaisseaux sauveteurs, rappelait que lors de
l'échouement, un matelot du *Salazie* lui avait dit
que l'île où nous échouâmes devrait porter le nom
« d'Ile du Bon Dieu ». (Voir la note de la page 31.)

Pendant cette triste nuit, suivie d'une journée plus affreuse, les passagers, sauf de rares exceptions, restèrent dans leurs cabines, ou du moins invisibles ; tandis qu'habillé, parfois étendu, j'ignore encore maintenant si j'ai pu fermer l'œil !

Vers sept heures du matin, au petit déjeuner, nous étions seulement trois, dont Mme Gr., jeune anglaise fort gracieuse, alors l'ombre d'elle-même, et la gentille Addy, sa fillette de neuf ans, surnommée Big Baby (Grand Bébé) ou simplement Baby.

La petite Anglaise, pressentant le péril comme les oiseaux de l'air, les poissons et tant d'animaux domestiques, fixait l'horizon gris d'un regard bleu d'acier, puis, rouge de colère, s'écriait d'une voix aigre : « *Silly sea ! silly sea !* » (Mer imbécile ! mer imbécile !) tandis que Mme Gr., ne pouvant l'apaiser, emmena cette enfant trépignante de fureur.

Plus tard, au crépuscule, sous la lueur blafarde des chandelles agitées par le vent, j'ai revu la fillette, calme et prête à mourir en chantant des cantiques !... Resté seul, et ne pouvant bien voir à travers les hublots fêlés, immergés, je montai sur le pont où l'on serrait les tentes. Là, sans crainte des rafales, le révérend père Delemme, de la mission de Jésus et le professeur Giraud suivaient, tous deux trempés, les phases de la tempête ; tandis que, pour éviter les embruns, les vagues, ou même d'être projeté dans les escaliers par diverses secousses, je me tins appuyé sur l'embrasure de la po rte bâbord du salon de musique, regardant stupéfait l'effroyable spectacle de la mer démontée sous un ciel d'encre, aussi noir que celui de la nuit précédente, sans lune et sans étoiles, qui semblait éternelle.

L'ouragan secouait avec violence le paquebot de toutes parts, surtout à tribord, penchant le navire à bâbord ; et des courants réflexes, parfois inverses, lançaient des lames immenses, hautes de 40 mètres (1), qui eussent fait chavirer tout autre vaisseau moins stable et moins solide que le vieux *Salazie*.

Alors est-ce le vertige auquel je suis sujet, ou l'obsession du mouvement gyratoire à la suite de la fièvre, il me sembla voir un double tourbillon : celui du mouvement cyclonique

---

(1) Ce chiffre paraît invraisemblable, or, ce n'est pas seulement l'impression d'un profane, car notre commandant a fait la même évaluation, ajoutant de plus que sur les 60 cyclones qu'il avait essuyés au cours de sa navigation, aucun n'atteignit la violence de ce dernier, En outre, personne, parmi les marins de l'équipage ou les passagers à bord, vit jamais tempête aussi terrible. Le professeur Giraud appréciait la hauteur des vagues, non seulement à 40 mètres, mais même à plus au moment de l'échouement ; et cela confirmerait la remarque judicieuse des matelots du *Salazie*, qui m'ont fait observer que, pour avoir été soulevés et projetés si loin sur un banc de rochers aussi avancé dans la mer, les lames qui lancèrent par deux fois le *Salazie* sur la côte, avaient dû être d'une force et de dimensions inimaginables.

qui nous emportait dans la zone dangereuse ; puis le tournoiement de vagues fantastiques rejoignant le ciel sombre, d'où les nuages alourdis s'engouffraient dans la mer en soulevant de nouvelles lames qui chassaient d'autres nuées sur un cycle irréel et perpendiculaire au plan de l'horizon !

Néanmoins le révérend père, impassible et tout ruisselant d'eau, restait sur le pont sans quitter du regard l'océan plus furieux.

— C'est magnifique, me dit-il, en extase !

Pour admirer ainsi la splendeur dans le mal et celle du danger, pendant qu'à l'avant, des sœurs tout en noir priaient leur patron, Saint-Joseph, d'arrêter la tempête, le père Delemme avait problablement le crucifix magique, qui lui sauva la vie dans le Zoulouland, lorsque les Zoulous qui voulaient le tuer, tout en craignant ce symbole de foi, pour eux une arme foudroyante, essayèrent d'obtenir le crucifix par ruse en demandant sans cesse au père Delemme de leur prêter « son petit fusil », tandis que le distingué missionnaire, alors moins amateur de sensations fortes, répondait finement à ses persécuteurs, qu'une fois hors de ses mains le crucifix perdrait toute efficacité.

Bientôt l'accès du pont sera interdit par la condamnation des portes du salon de musique au moyen de seuils de porte et panneaux à typhon (cyclone), parfois même de madriers placés en pareille occurence sur toute la super-structure du navire afin que la descente de service de la batterie reste la seule communication du pont supérieur avec l'entrepont ; mais cette manœuvre ayant été décidée quelque peu tardivement (1) lorsque l'ouragan augmentait à vue d'œil, plus vite qu'on ne pensait, la condamnation du pont ne fût guère effective, car l'escalier de la cuisine et celui des secondes (nommé si gentiment la descente des enfants parce qu'il aboutit à leur ancien carré) restèrent accessibles, surtout au paquets de mer. En outre maintes pièces de renfort à fixer du dehors sont enlevées par les lames pendant leur installation ; il reste la ressource de protéger les roufs et claires-voies par des madriers posés de l'intérieur, mais c'est plus difficile et presque dangereux, car il faille souvent grimper par un roulis qui renverse de robustes marins, lesquels se relèvent, et, pour faire leur devoir, s'élancent de nouveau sans peur du péril. J'ai même observé plusieurs fois le second capitaine prêchant d'exemple à la tête de ses hommes au plus fort du danger.

De temps en temps les matelots malgaches descendent à grands pas, munis de leurs outils, pour réparer les nombreux dégâts de l'entrepont ; et parfois ils s'arrêtent, ne sachant pas encore où l'on a besoin d'eux. Si je le devine, et puis seul renseigner, j'indique, par un signe,

---

(1) En revanche, le lavage du pont fut fait de grand matin, suivant le règlement, de sorte que, si nous avions coulé, c'eût été proprement, sauf les avaries non réglementaires.

la voie des avaries où l'équipage blanc avait déjà souvent devancé les braves noirs.

Noble émulation de l'homme sans distinction de races dans une lutte grandiose avec les éléments, plus belle à coup sûr que le combat des peuples et les guerres intestines.

Entre neuf et onze heures, les cabines attenant à la salle des premiéres n'ont pas encore souffert; mais sur le pont supérieur il n'en est pas de même. Englouties nos chaiseslongues et les sept fauteuils blancs des sœurs blanches qui les rangeaient le soir avant de se coucher, pour que leur peinture ne fût par ternie par l'eau marine au lavage matinal; le piano, brisé dès l'aube, venait de rompre alors le silence auquel l'avait condamné, depuis Djibouti, l'oubli persistant de nos jeunes passagères.

Vers onze heures la cuisine est inondée, aussi, le commissaire Blanc, malade, exténué d'avoir veillé partout sur les ponts inférieurs, décida que nous aurions un déjeuné froid; mais, nouveau Vatel, Léon Merlini, le chef cuisinier voulait y joindre un plat chaud (1) qui fit la culbute avant d'arriver à la salle à manger.

------

(1) Voici le menu du dernier déjeuner à bord du *Salazie* (salle à manger de l'arriére) : beurre, saucisson, langue de mouton, jambon, aloyau froid, fricassée de veau parisienne, pommes au four, chester, gruyère, pommes, mangues, café, cognac. (24 novembre 1912.) J'ajoute que ce menu d'ouragan est exceptionnel, les repas ordinaires étant toujours copieux.

Triste repas auquel assistèrent seulement six convives : le professeur Giraud, l'administrateur Paul Pouperon, un intendant mili- (1), M. Gregory, M. Lugton (2), et moi.

M. Gregory étant indisposé, se retira de suite sans avoir rien mangé ; M. Pouperon garda sa belle humeur, trouvant l'appétit préférable aux soucis et M. Giraud, voyant que je n'avais pas faim me donna l'aimable conseil de prendre quelque chose, sinon pour moi, du moins pour pour que les requins n'aient pas lieu de se plaindre !

Aimables Français, si je n'ai fait honneur à vos excellents plats, j'ai bu néanmoins le petit vin de France qui m'a permis de voir avec plus d'entrain ce que j'exprime ici d'une manière assez terne.

Pendant le déjeuner, sur mes insistances, M. Giraud, qui en est à son deuxième ou troisième

---

(1) Deux intendants militaires étaient à bord du *Salazie,* mais je ne me rappelle pas lequel vint à déjeuner.

(2) M. Lugton semblait se dire : *All right!* (Tout va bien!) et plus tard, ce jeune Anglais énergique, pour qui les tempêtes n'ont pas grande importance, disait tout haut : *Nonsense !* (non-sens), à ceux qui parlaient de péril ou naufrage, et pourtant, c'est lui qui gît à l'hôpital de Diégo-Suarez, plus atrocement brûlé que les autres naufragés, car. plein d'abnégation, il resta trop longtemps dans l'eau, puis en plein soleil sur les rochers coupants, pour aider au transport des vivres et même des bagages avariés.

cyclone, m'a confirmé la gravité de la situation résultant de la violence inouïe de l'ouragan jointe à la dépression barométrique toujours plus accentuée (1).

Néanmoins, il m'exhorte à ne pas désespérer car le commandant connaît bien son affaire et fait tout pour le mieux.

Dans l'après-midi les avaries s'aggravent : plusieurs embarcations arrière, dont le canot major envolé de tribord à bâbord par dessus

---

(1) Voici le relevé des observations barométriques faites par M. Giraud, le 24 novembre 1912, depuis 7 heures jusqu'à 18 heures, inclusivement :

| 7 heures | | haut^r | 755 | 15 heures 1/2 | | haut^r | 733 |
|---|---|---|---|---|---|---|---|
| 10 | — | — | 753 | 15 | — 3/4 | — | 736 |
| 11 | — 1/2 | — | 752 | 16 | — | — | 733 |
| 12 | — | — | 748 | 16 | — 1/2 | — | 739 |
| 13 | — | — | 745 | 16 | — 3/4 | — | 731 |
| 13 | — 1/4 | — | 744,5 | 17 | — | — | 730 |
| 13 | — 1/2 | — | 744,5 | 17 | — 1/4 | — | 725 |
| 14 | — 1/2 | — | 742 | 17 | — 1/2 | — | 725 |
| 14 | — 3/4 | — | 740 | 18 | — | — | 724 |
| 15 | — | — | 739,9 | | | | |

Ici finissent les observations de M. Giraud, car il n'y avait plus d'espoir, mais les marins m'ont dit que le baromètre baissa encore jusqu'à 721. A cette occasion, je remercie le savant professeur, non seulement de m'avoir autorisé à copier ces indications, ce que j'espère avoir fait sans erreur, mais encore pour toutes ses attentions en des moments pénibles. Peut-être décrirai-je plus tard notre séjour à l'île déserte où sa grandeur d'âme, celle de beaucoup de naufragés et de dames charitables, méritent les plus touchants éloges.

le rouf du salon de musique où restèrent ses bossoirs, sont projetées à la mer ; les jolis sapins avec leurs pots cachés en de grands vases de Chine, arrimés vers les escaliers, tombent et roulent de tous côtés en rompant leurs amarres. Le fumoir, le petit salon (1) sont enfoncés par des lames qui retombent sur le pont de la batterie ; puis le vent soufflant avec force à tribord, le roulis qui penchait tour à tour le vaisseau vers bâbord et moins à tribord ; finit par refouler toute l'eau de l'entre-pont dans les cabines de gauche inondées le soir jusqu'à la hauteur des couchettes inférieures. L'équipage qui lutte partout contre les éléments déchaînés tâche de retirer l'eau avec de grands baquets, mais c'est en pure perte ; alors pareil à la mouche du coche, je demande un seau ; mais on me déconseille : A quoi bon, m'est-il dit lorsque la mer en rejette par centaines ; puis ce serait dangereux sur un parquet glissant dégarni de tapis, à cause du roulis, du tangage et du mouvement vibratoire inhérent au cyclone.

Quant aux pompes elles fonctionnaient ailleurs où c'était plus utile, afin de garantir la machine ralentie depuis sept heures du matin jusqu'à trois heures de l'après-midi, lorsque

-----

(1) La porte tribord du salon de musique ayant été enfoncée par les vagues, celles-ci déferlaient jusqu'à la descente principale de l'arrière, inondant le pont de la batterie.

celle-ci s'arrêta complètement (1) à cause du manque de pression et parce que l'héilce venait d'être immobilisée par des cordages y enroulés avec différents débris provenant des avaries multiples du navire.

Alors (2) le commandant vit qu'il n'y avait plus d'espoir, car il ne pouvait plus gouverner son vaisseau (3).

Le petit cheval Belleville continua cepenmoins d'alimenter les chaudières, lorsque les autres pompes épuisaient plus ou moins l'eau des chaufferies et de la machine, tandis que le bruit de leur fonctionnement donnait encore aux personnes incompétentes, telles moi-même, la vaine illusion du mouvement des machines.

Vers 3 heures 1/2 de la journée, un drame émouvant se déroule au-dessus de nous, à bâbord, sur le gaillard d'avant. La machine étant arrêtée le premier lieutenant Adrien Bracco, qui avait déjà réussi à filer une ancre flottante afin de remettre le vaisseau vent debout, tâchait d'installer un autre gouvernail

---

(1) Le soir on tâcha de faire repartir la machine, mais les cordages de l'hélice n'ayant pas cédé, le mouvement mécanique dura seulement quelques minutes, sans résultat.

(2) D'autres disent même vers une heure, lorsque le ralentissement de la machine devint excessif.

(3) Il restait la possibilité très invraisemblable d'une accalmie pendant laquelle on aurait pu essayer de dégager l'hélice par des manœuvres fort dangereuses et risquées en plein océan.

de fortune (1) avec des balles de foin, pour faire dévier les grosses lames qui, venant au travers du navire, auraient pu finir par le faire chavirer ; mais au même moment un paquet de mer d'environ 200 tonnes suivant l'évaluation ultérieure du commandant Laréquier, emporte l'infortuné lieutenant pour le jeter à la mer, lorsque le deuxième capitaine Mayas, le deuxième lieutenant Kerjean, le maître d'équipage Nicolas et plusieurs matelots qui se trouvaient avec le premier lieutenant risquèrent de partager son sort.

Hommage à ce brave qui fut la seule victime en voulant nous sauver, lui l'orphelin qu'au doux pays de France attendait une fiancée qui ne reverra plus cet époux de la mort !

Tour à tour le mât d'artimon et le grand mât se brisent avec fracas, l'un défonçant le plafond de la cabine du capitaine Sainjon. En maints endroits le bastingage est enlevé, tordu ; pendant que les lames arrachent presque partout le grillage de cette balustrade. Le roulis devient si fort qu'à chaque pas on pourrait se blesser en tombant, ou si l'on était projeté vers les escaliers, tables et parois du navire ; aussi, pour aller dans les cabines, il faut faire néces-

-------

(1) Les marins emploient plutôt le terme « ancre flottante » ; or, l'expression « gouvernail de fortune », qu'ils appliquent au gouvernail subsidiaire d'un navire, me semble indiquer d'une manière plus nette le but de l'ancre flottante qui est de gouverner sur la lame.

sairement la chaîne anglaise en tendant la main aux personnes assises sur les fauteuils à pivot de la salle à manger ; tandis que le personnel de service ouvre les portes ou relève les passagers tombés et parfois grièvement meurtris.

Rentré dans ma cabine à deux couchettes, je voudrais me reposer sur la plus élevée qui n'est pas inondée, mais seulement trempée vers le bas du lit, puisque pour y monter il fallait traverser le bain de mer inférieur, où chaque remous de l'eau jetait dans mes jambes les pliants et valises ; mais, ne pouvant dormir, j'enlève tristement des souvenirs et papiers abîmés, dans le vague espoir de pouvoir les sécher sur un des filets. J'ouvre alors la porte pour sortir des ténèbres, car l'électricité ne fonctionnait plus à la suite de l'inondation des accumulateurs. Tout à coup, l'intendant militaire Montaru s'écroule dans ma cabine, lancé comme un boulet par un coup de roulis ; sa chute le fait tellement souffrir qu'il se relève avec difficulté, puis me prie de le soutenir quelques secondes car il n'en pouvait plus ; ensuite ce passager sympathique et courtois s'éloigne en s'excusant, disait-il, de m'avoir dérangé !

Le surlendemain, j'ai revu cet officier supérieur, toujours mélancolique, faisant consciencieusement la chaîne à l'île de Nossy-Komba, tout près des récifs, à l'endroit le plus exposé au soleil et le moins proche des tentes.

Pour donner une idée plus nette de la situation du *Salazie* pendant le cyclone, Dominique

Spagnoli, premier chauffeur à bord du *Salazie*, m'affirme que suivant l'aiguille de la machine, lorsque les descentes de gauches pénétrèrent dans la mer, il eut l'impression que nous étions chavirés.

Je trouve plausible de l'avoir été pendant l'instant de raison où le relèvement subit du navire aurait pu provenir non seulement du roulis réflexe mais encore de courants inverses. Du reste, la déclaration formelle du commandant Laréquier, lequel affirmait, sous une tente du lieu de l'échouement, que les lames secouaient le *Salazie* au point qu'il mâtait une fois à 45 degrés, et le fait que les radeaux bâbord de la passerelle eussent été détachés par la mer, me paraissent confirmer tous deux la déviation formidable constatée par le premier chauffeur.

---

Maintenant, ce doit être l'heure où le soleil, voilé pendant toute la journée, se couche derrière les nuages amoncelés sur le ciel, et pour l'équipage, les personnes sans espoir depuis l'après-midi, ce sera bientôt le moment suprême où chacun se prépare au sommeil éternel.

A l'avant des secondes, parmi des passagers en ceinture de sauvetage, les religieuses dominicaines dites les sœurs blanches, à cause de leurs robes et voiles blancs ; les sœurs de Saint-Joseph-de-Cluny tout en noir, sauf un léger bandeau sur leur front mystique, priaient avec ferveur ; alors, derrière elles, les marins attendris s'arrêtent et s'agenouillent pour prier à leur tour, tandis que le père Delemme console les fidèles, puis, appelé dans les cabines reçoit des confessions.

Ici, des garçons de salle se serrent la main silencieusement ; là, d'autres se rappellent la France et disent : si j'avais su !

Les chauffeurs d'Aden sortis plus tard des chaufferies arrêtées vont prier dans la batterie proprement dite, et des enfants inquiets demandent à leurs parents si l'on allait les noyer comme des petits chats jetés à l'eau la veille !

Descendus de l'avant du pont supérieur (1) à l'entrepont des secondes par suite de la tempête, les indigènes consternés semblaient des ombres noires sur un vaisseau fantôme, espèce de cercueil flottant à la dérive ; tandis que les Ramatoa malgaches (2) parées de simbo, de

------

(1) Les passagers de quatrième logeaient à l'avant du pont supérieur, le faux-pont étant rempli de marchandises.

(2) Parmi ces Ramatoa malgaches, j'ai remarqué à bord, puis dans l'île de Nossy-Komba où ces femmes se promenaient insouciantes, des Antankarana, Sakalava ramenant, les unes et les autres, leurs cheveux crépus en bouffettes sur les tempes, une portait aussi des vanvangosy, lourds bracelets tors, à ses poignets très fins ; des Hova hautaines, coiffées en tresses fines et multiples entrelacées à la mode du pays, ou, rassemblant leurs cheveux en une ou deux nattes comme en Europe et dans l'Inde ; de belles Betsimisaraka dont la tête frisée, couverte de boucles, rappelle encore la fourrure d'astrakan. J'en vis une, qui, dans l'île déserte où

lamba aux teintes éclatantes comme pour les funérailles (1), avaient l'apparence de sphinges impénétrables.

A quoi pouvaient penser ses femmes énigmatiques et tous ces indigènes, sinon au double malheur d'avoir le mugissement des vagues en guise de lamentations rituelles des pleureuses (Betomana) funèbres,  et le lit de l'Océan pour toute sépulture au tombeau des ancêtres !

A l'arrière des premières, les passagers, pour la plupart des officiers, sortent des cabines pour se voir vaincus par le cyclone à la fin

---

l'eau douce, fort rare, était rationnée,  s'en allait vers sa tente, ayant sur ses bouclettes une grande bouteille d'eau toujours en équilibre et qui lui donnait l'air d'une canéphore. Alors, désirant cette eau mais ne pouvant me faire comprendre autrement qu'ainsi, je pris la bouteille en tendant à la Betsimisaraka l'argent que j'offrais en échange. Celle-ci me laissa la bouteille d'eau douce, de « narou » disait-elle de sa voix musicale (l'harmonie vocalique et la répétition de certaines syllabes donnent un charme étrange aux idiomes malgaches), en riant de mon ignorance des mots des plus usuels de la langue indigène. Maintenant, fier de ma bouteille d'eau douce, où le maître d'hôtel versa de l'armagnac, j'offris à mon tour l'eau douce tant recherchée aux dames prévoyantes qui recueillaient l'eau légèrement goudronneuse de la toile des tentes lorsqu'il pleuvait la nuit, au risque de se tremper davantage, puis voulaient m'en donner avec gentillesse.

(1) Ainsi, les veuves de l'Inde avaient des pagnes éblouissants et leurs plus beaux bijoux lorsqu'elles s'offraient aux flammes du bûcher conjugal.

d'une traversée si longue. Beaucoup se conso-
lent à l'idée de périr en famille ; un capitaine
embrasse sa jeune femme en lui demandant
pardon de l'avoir emmenée vers le malheur ;
M. G. dit tristement qu'il va mourir loin de sa
femme et d'une jeune fille de quatorze ans,
laquelle pourrait avoir encore besoin de lui,
et je pense avec peine à cette fin navrante d'un
voyage de plaisir.

Au salon de musique deux religieuses étrangè-
res, des missionnaires anglais, leurs jeunes femmes bien douces liées par le bras chacune à son
mari pour ne plus le quitter ; récitaient des
prières, souvent interrompues par leurs sou-
bresauts lorsque les jets d'eau qui retombaient
sur ces religieux risquaient de les faire étouffer ;
mais ensuite ceux-ci reprenaient de plus belle,
entonnant des cantiques ; puis se sentant, là-
haut, plus rapprochés du ciel, les missionnaires
chantèrent : *Nearer to thee my God !* « Plus
près de toi, mon Dieu ! » Et malgré le bruit de
l'ouragan, les accents graves de l'hymne majes-
tueux des morts du *Titanic*, descendaient
jusqu'à nous dans la salle où la lumière vacil-
lante des deux bougies munies de tulipes pro-
tège-flamme, rappelait la lueur des cierges aux
offices solennels !

Soudain, vers huit heures et demie du soir,
deux secousses formidables se succèdent à plusieurs minutes d'intervalle, et des craquements
sinistres font croire que le *Salazie* coule, pendant que la machine, déplacée par ces chocs

épouvantables fait éclater deux tubes à vapeur, le tuyau de moyenne pression et le collecteur, pour ainsi dire guillotinés.

Alors la vapeur s'échappe âcre, étouffante et tout le monde s'élance vers les ouvertures du pont pour ne pas suffoquer. MM. Giraud et Pouperon, ce dernier mi-asphyxié, arrivèrent après avoir franchi les décombres de la batterie en marchant à quatre pattes dans l'obscurité.

En ces moments d'angoisse inexprimable, ou voyait devant soi cette alternative ; brûler à bord ou se jeter à la mer.

Mais la résignation des hommes, l'attitude touchante de tant de jeunes femmes, des mères la plupart, qui n'eurent pas un geste, ou cri de désespoir ; les prières des bonnes sœurs, elles aussi jeunes et parfois jolies ; les vœux du père Delemme, le missionnaire invulnérable réchappé du martyr, ceux des missionnaires anglais puis de tant de braves gens, valaient un meilleur sort qui sera le salut (1).

______________

(1) Salut miraculeux car voici ce que nous ignorions : Vers huit heures et demie du soir, une vague énorme nous avait lancés au loin sur un rocher, par dessus de nombreux récifs (ce fut le premier choc qui déplaça la machine), puis une autre lame souleva le *Salazie* pour le rejeter sur le même rocher, peut-être même ailleurs (deuxième choc ressenti lors de l'explosion des tuyaux de chaudières) sans que le solide navire eût été mis en pièces la première ou la deuxième fois. A ce jeu dangereux des lames et du vent, le vaisseau se serait finalement brisé

En attendant, la vapeur qui avait envahi le navire, se dissipe peu à peu, et les gouttelettes d'eau bouillante qu'elle avait formées, cessent de nous brûler, l'incendie semble conjuré ; mais cela n'enlève pas d'autres inquiétudes, si le *Salazie* ne coule pas encore, s'est-il donc échoué, ou va-t-il, toujours à la dérive se briser sur les côtes rocheuses ? A défaut d'indications précises (puisque le commandant lui-même, cherchait à se rendre compte de la situation au moment de l'échouement), le vent paraît faiblir et des matelots soutiennent que le baromètre est en train de monter ; bientôt le second capitaine arrive annoncer que le commandant espérait nous sauver, mais on reste sceptique ; alors peu de temps après, le commandant Laréquier très ému, salué par des applaudissements, vient spécifier que le *Salazie* s'est échoué sur un banc de sable (1) entre deux rochers et que sauf événement imprévu, il répondait de la

---

tout-à-fait, si le vent n'avait pas faibli lors de l'échouement, tandis que le baromètre remontait de suite comme par enchantement. (Voir aussi la note de la page 15.)

(1) Au fond, le prétendu banc de sable était un véritable rocher qui s'encastra dans la coque du *Salazie* en soulevant sa machine d'environ trente centimètres sur tribord ; mais le commandant pouvait-il supposer le fait extraordinaire d'un échouement sur des récifs par une affreuse tempête, alors que le navire échoué restait encore debout, plus en sûreté même que sur un banc de sable où l'ouragan aurait fini par le renverser.

vie de tout le monde ; le commandant se serait repris ensuite m'a-t-on dit, pour déplorer la mort de son premier lieutenant.

Inutile de décrire la joie, l'immense soulagement produits par ces paroles, véritable réveil d'un cauchemar bien trop long. L'équipage reçoit des félicitations, un capitaine ému disait qu'à terre, les militaires devraient tout d'abord se mettre en grande tenue pour écouter la messe. Vers 10 heures du soir, environ une demi-heure après l'arrivée du commandant, des passagers se rappellent qu'ils n'avaient rien mangé ; et l'on sert des biscuits, du lait, de l'eau minérale.

La nuit du 24 fut encore bien pénible, tous étaient trempés, fatigués ; des passagers de bâbord, plus éprouvés, passèrent dans les cabines tribord, qui n'avaient pas souffert ; mais malgré l'amélioration de notre état, je ne pus dormir à l'idée que le vent qui augmentait derechef, risquait de soulever encore le *Salazie* pour l'emporter au large.

Enfin le 25, les femmes, les enfants, les hommes et l'équipage débarquèrent de grand matin par une pluie battante à Nossy-Komba, l'île déserte où foisonnent les langoustes et d'autres crustacés.

Puis, trois jours plus tard, la *M'panjaka* des Messageries Maritimes, et l'*Eugène-Grosos* de la Compagnie Havraise, venus à notre secours et mouillés très loin de l'île à cause des nombreux récifs recouverts par la mer, envoyèrent

leurs embarcations pour ramener les passagers
et une partie de l'équipage du *Salazie* le lendemain matin à Diégo-Suarez (1), tandis que le

-----

(1) Pour donner une idée des ravages du cyclone
à Diégo-Suarez, je reproduis quelques apprécia-
tions du journal le *Diégo-Suarez* (30 novembre
1912) :

« La nuit était arrivée. Le cyclone, vers 7 heures,
était au paroxysme de la fureur. Les craquements
étaient effrayants. Des bruits énormes de ferrailles
et de masses croulantes indiquaient qu'une lourde
maison venait de s'effondrer. Impossible de sortir
et de se porter de mutuels secours. Les rues étaient
impraticables, la pluie en avait fait des torrents.
S'y engager eût été aller au devant d'une mort
certaine car les matériaux des habitations détruites sillonnaient l'air et ne laissaient aucune
issue.

» *Dans la ville.* — Toutes les maisons sont
atteintes gravement, la moitié sont absolument
anéanties et les matériaux entassés, mélangés,
broyés, forment des tas informes, totalement inu-
tilisables. Sur celles qui restent debout, plus de la
moitié paraissent irréparables, tant elles sont dis-
loquées, brisées. Des toitures, il n'en reste pas
dix pour cent. D'ailleurs cette proportion de dix
pour cent est celle des immeubles ayant peu souffert. La Résidence est détruite et les ruines,
quoique debout en maints endroits, ne pourront
être utilisées ».

A mon tour, je note l'amusante réflexion du
coiffeur dont la boutique est en face de l'Hôtel Mé-
tropole. Celui-ci, tout épouvanté, me disait le 30 décembre que l'ouragan du 24 avait lancé chez lui
un lit de l'hôtel — heureusement sans personne de
couché.

*Vaucluse* aurait rapporté le courrier ou les sacs de dépêches.

Avant de finir et pour montrer que ce récit n'est guère exagéré, je note ce passage d'un bel article paru dans l'*Impartial* de Diégo-Suarez (26-29 novembre 1912) sous la signature du commandant Victor-Nicolas : « La mer était furieuse, de grosses lames s'abattaient sur le navire et l'inondaient ; il y avait un mètre d'eau dans les cabines.

» Le vent soufflait très fort et par rafales du nord-est et poussait le navire au large, au lieu de le rapprocher de la côte. Pendant de mortelles heures, les passagers s'attendaient à être engloutis d'un instant à l'autre : le commandant du bord les avait prévenus qu'il n'y avait plus d'espoir et avait fait munir chacun d'une ceinture de sauvetage. On était résigné tous, nous dit-on, à mourir, et cependant aucune défaillance ne s'est produite.

» Une fillette, appartenant au capitaine L..., voyait la mort avec une sérénité parfaite en disant à sa mère (1) : « nous allons tous mourir, mais nous irons tous au ciel ».

--------

(1) Mme L... était l'aimable naufragée qui venait verser à boire à tous ceux qui faisaient la chaîne pour le transport des vivres sous un soleil dont les rayons ardents causaient des brulûres pareilles à celles de l'eau bouillante. Et je me rappelle que cette dame courageuse, alors une inconnue, voulut bien remettre en place ma ceinture de sauvetage mise à l'envers, ajoutant spirituellement que cela ne servirait à rien.

» C'est bien là la parole d'une enfant d'officier français ! »

A l'île du naufrage j'avais remarqué cette enfant charmante aux larges yeux d'azur, encore
impressionnés par de longues émotions, lorsque les pieds meurtris, entourés de chiffons,
elle allait se chauffer près des feux de bois
verts allumés afin de servir de signaux et sécher les vêtements.

Pour se distraire un peu, la petite parisienne
âgée de huit ans, mais préférant jouer avec les
grandes personnes, avait installé une pharma-
cie pour rire, ayant comme devanture le sable
de la tente, et pour grand livre un carnet à
souches où elle écrivait avec un grand sérieux
le résumé de ses opérations fictives, sur le ta-
lon des factures remises à de rares acheteurs,
tels Mme Marchant et moi ; auxquels la fillette
apportait en même temps que leur note, les
drogues facturées consistant en petits paquets
de sable (dont elle redemandait le papier) censés
représenter des médicaments en poudre ; car
pour les brosses, des pailles en tenaient lieu.

La vendeuse enfantine, refusant énergique-
ment d'accepter de l'argent, ou toute autre
chose, il fallait payer avec des feuilles, du sable
ou des coquillages.

Parmi mes souvenirs de l'île du cyclone, je
rapporte cette note de la fillette espiègle :

» BON POUR Monsieur le prince qui plai-
sante toujours : brosse, 0,15 centimes ; quinine,

0,25 cent. ; vaseline, 0,15 cent. ; acide borique, 0,45 cent.

Le 30 novembre 1912, à Nossy-Komba.

(Elle écrivait « combat », n'était-ce pas la fille d'un officier).

(ss) Mademoiselle A. L...

Avec l'adresse du capitaine L.., à Madagascar.

Aujourd'hui, 25 décembre 1912, je termine ce récit que je veux offrir aux naufragés le plus tôt possible, car le *Djemnah*, qui me ramène en France, avec une partie de l'équipage, se trouve à deux heures de Marseille par une journée splendide, ensoleillée, digne de Noël.

JEAN CAMPINIANO-CANTÉMIR,
*Ancien magistrat de Bucarest.*

Résidant à Paris, 43, rue Monge.

IMPRIMERIE CHAMOLLE, 27, RUE MONGE. — PARIS

*Sur le désir de l'auteur, j'atteste que le manuscrit
de cette relation m'a été remis jeudi matin,
26 décembre 1912, le lendemain du
soir où le Djemnah revenait
à Marseille.*

L'EXÉCUTION DE CET OUVRAGE A ÉTÉ TERMINÉ
LE 9 JANVIER 1913